DISCOURS

PRONONCÉ PAR M. E. BORÉ

ŚUPÉRIEUR GÉNÉRAL DES PRÊTRES DE LA MISSION
ET DES FILLES DE LA CHARITÉ

AU BERCEAU DE SAINT-VINCENT DE PAUL

(PRÈS DAX)

A LA FÊTE DU TROISIÈME CENTENAIRE DE SA NAISSANCE

Le 23 avril 1876.

DISCOURS

PRONONCÉ PAR M. E. BORÉ

SUPÉRIEUR GÉNÉRAL DES PRÊTRES DE LA MISSION
ET DES FILLES DE LA CHARITÉ

AU BERCEAU DE SAINT-VINCENT DE PAUL

(PRÈS DAX)

A LA FÊTE DU TROISIÈME CENTENAIRE DE SA NAISSANCE

Le 23 avril 1876.

Éminence, Messeigneurs (1),

Il y a douze années aujourd'hui qu'une autre Fête
mémorable édifiait la multitude des pèlerins attirés de
toutes parts en ce lieu. Il s'agissait de la dédicace du
Monument élevé à la mémoire et en l'honneur du
Berceau de Saint-Vincent-de-Paul. L'illustre Cardinal,
Archevêque de Bordeaux, qui a bien voulu, de nouveau, relever par sa présence la cérémonie actuelle,
était alors aussi entouré du cortége imposant de Pontifes, ses Suffragants, et d'autres Évêques, ainsi que
d'un nombreux Clergé. Hélas ! dans cet espace de
temps, si considérable pour la brièveté de la vie
humaine, la mort en a retranché plusieurs, dont nous
regrettons amèrement et déplorons toujours la perte
prématurée. Telle est surtout celle de notre Vénéré
Père et Maître, M. Étienne, lui, qui a conçu et exé-
cuté les œuvres charitables admirées ici ; lui, à qui je

(1) Son Éminence le Cardinal Donnet, Archevêque de Bordeaux.
    Sa Grandeur Mgr de la Bouillerie, Archevêque de Perga,
        Coadjuteur du Cardinal-Archevêque de Bordeaux.
    Sa Grandeur Mgr de Langalerie, Archevêque d'Auch.
    Sa Grandeur Mgr Langénieux, Archevêque de Reims.
    Sa Grandeur Mgr Jourdan, Évêque de Tarbes.
    Sa Grandeur Mgr Fonteneau, Évêque d'Agen.

dois en partie ma Vocation sacerdotale, et qu'il me faut, malgré toute mon insuffisance, remplacer dans ses hautes fonctions, comme aussi dans la solennité présente.

Il m'avait appelé de Constantinople, en 1864, pour partager avec lui la joie de contempler la belle et touchante transformation opérée par son amour reconnaissant dans le hameau, témoin de la naissance et des premiers actes de vertu de celui qui remplit la France et le monde catholique de l'éclat et de la bonne odeur de sa sainteté. La piété, qui a jeté les fondements de ces vastes édifices, y entretient, avec les mêmes bénédictions, des vieillards, des orphelins et des orphelines, préparant les premiers à bien mourir, et formant les autres à bien vivre, dans la pratique des vertus chrétiennes.

Le troisième Centenaire de la naissance de Saint-Vincent, que nous célébrons avec allégresse en ce jour, est un glorieux hommage rendu à sa charité, qui a si puissamment contribué à améliorer, dans notre patrie, la condition des petits et des pauvres ; et, en même temps, c'est un exemple et un encouragement pour nous autres, Catholiques, qui voulons et devons nous dévouer aux vrais intérêts du peuple, que les doctrines les plus subversives égarent et corrompent actuellement. C'est à vous, Messeigneurs, préposés à sa garde par l'Esprit-Saint (1), qu'il appartient de guider et de soutenir les volontaires de la charité dans cette sainte entreprise, si fortement recommandée, et

(1) Act. xx, 28.

même de nouveau prescrite dernièrement par l'Auguste Chef de l'Église, Pie IX, qui nous répète : *Agissez.*

CHRÉTIENS, MES FRÈRES,

> Miseros autem facit populos peccatum.
> (Prov., xiv, 34.)
> *Ce qui fait la misère des peuples, c'est le péché.*

La même main qui a tiré l'univers du néant, semé les astres dans les cieux, dessiné ici-bas les continents et posé à la mer ses limites, a pareillement tracé a l'homme les lois ou les commandements qu'il doit observer. Le Créateur, qui a bien (1) fait toutes choses, c'est-à-dire avec nombre (2), poids et mesure, ne pouvait laisser sans règle et sans direction, au milieu de ce concert parfaitement ordonné, l'être qui en est le chef-d'œuvre et le monarque. Adam a donc été nécessairement astreint à certains devoirs envers Dieu, n'eussent-ils été que ceux de la reconnaissance. Les obligations d'un fils bien-aimé envers un père infiniment bon étaient douces et faciles. Mais ce lien délicieux fut brisé par la désobéissance. Le mal souverain, l'unique mal, je veux dire le péché, était entré dans le monde.

Alors disparut la beauté de l'ordre primitif. Le genre humain, vicié dans sa source, deviendra un grand fleuve, dont le cours des générations succes-

(1) Marc, vii, 37.
(2) Sap., xi, 21.

sives retient et porte partout les germes de la corruption originelle. En vain la miséricorde, désarmant la justice, encouragea et consola les coupables par l'annonce du pardon et de la réconciliation. Deux races trop distinctes s'établirent et se perpétuèrent : l'une croyant aux promesses divines, amie de la prière, de la justice et de la paix ; l'autre, violente, incrédule, et, en même temps, adonnée à toutes les superstitions. La première est surtout représentée par la nation choisie pour préparer et produire l'avénement du Rédempteur.

Et cependant, dans son sein, nous retrouvons encore continuellement la lutte d'Ésaü et de Jacob ; nulle histoire ne découvre mieux ce qu'il y a de bon et de pervers dans le cœur humain ; nous y apprenons quelles sont les causes du bonheur et de la stabilité de la vie sociale, puis aussi comment et pourquoi une société est précipitée, avilie et dissoute dans l'anarchie des révolutions. Or, toutes les expériences et les leçons des âges antérieurs, confirmées par celles des siècles suivants, sont l'application et la démonstration de cette sentence ou mieux de cette loi universelle, que le bien-être ou le malheur d'un peuple dépendent de son état d'obéissance ou d'opposition aux commandements de Dieu, de son respect ou de son mépris pour les pouvoirs qui le représentent, de son degré de piété ou d'impiété, en un mot que C'EST LE PÉCHÉ QUI REND LES PEUPLES MISÉRABLES. *Miseros autem facit populos peccatum.*

O vous, qui, seule dans une postérité déchue, avez été honorée du privilége d'être préservée de toute souillure du péché, même dès le premier instant de votre conception ou de votre existence, en vue des mérites de la passion et de la mort de Votre Divin Fils, vous, ô Marie, dite et reconnue pour cela *Immaculée,* accordez-moi présentement la grâce d'exposer, avec une clarté persuasive, cette vérité, trop peu comprise de notre siècle, que tous les maux spirituels et temporels sont la conséquence ou la punition du mal souverain, qui s'appelle le péché, et que leur remède consiste à l'expier dans le repentir et à l'éviter par la vigilance. Puisse la solennité de ce pèlerinage, entrepris à l'honneur et sous les auspices d'un Saint qui, pendant toute sa vie, n'a cherché qu'à combattre ou à détruire le mal dans sa personne et dans la société contemporaine, être comme l'occasion et le signal d'un progrès individuel, et général aussi, dans la Foi et la Charité !

Ave Maria.

I

Le péché, qui élève un mur de division entre Dieu et l'homme, [divise encore les hommes entre eux. L'autorité de la loi sainte ne règle ni ne contient plus alors les passions, avec leurs intérêts opposés. Voilà comment un duel à mort met aux prises, dès l'origine, les enfants de Seth, appelés les enfants de Dieu, et les descendants de Caïn, appelés les enfants des hommes. La corruption devient ensuite si générale et si effrayante, par le mélange des deux races, que le

Créateur, selon l'énergique expression des Saintes-Lettres, est poussé à se repentir d'avoir créé le genre humain (1). Il était, en effet, possédé de cette malice sauvage et exécrable, qui désire l'anéantissement de la puissance, de la justice et de la sagesse divines (2). Mais la puissance, la justice et la sagesse suprêmes lui infligèrent le châtiment du déluge, qui alla presque jusqu'à son extermination.

La société, renaissante avec les enfants de Noé, cessera-t-elle de provoquer les vengeances célestes ? Hélas ! les pensées des hommes se tournent au mal derechef, mal qu'engendre leur intolérable orgueil, puni par la confusion des langues et par la dispersion. L'oubli et l'affaiblissement des croyances traditionnelles jettent les nouvelles nations dans les erreurs de l'idolâtrie, à l'exception des descendants des Patriarches, qui savent conserver, avec la pureté de la foi, celle des mœurs. Les chefs spirituels, tels que Abraham, Moïse, Josué et les Juges, sont chargés par la Providence de veiller à la formation du peuple d'Israël, de l'affranchir de la servitude de l'Égypte, de l'introduire dans la terre promise et de l'arracher au joug de ses nombreux ennemis, toutes les fois que, l'ayant subi en punition de l'accroissement de ses iniquités, il est ramené par le repentir au culte du Seigneur. Les formes de son gouvernement peuvent changer, mais la loi de la rétribution divine est invariable ; le bien-être ou la misère du royaume aug-

(1) Gen., vi, 2-8.

(2) Crudelis et plane execranda malitia quæ Dei potentiam, justitiam et sapientiam perire desiderat. (S. Bern., Serm. de Resurr.

mente et diminue en raison de son relâchement ou de sa fidélité à observer les pratiques religieuses et morales. L'histoire nous montre le même peuple de Juda, figure typique des peuples chrétiens, tour à tour victorieux et prospère sous les règnes de David, d'Asa, d'Ézéchias et de Josias, zélateurs du culte du vrai Dieu, puis humilié et tributaire sous les Rois prévaricateurs, qui attirent contre Jérusalem, comme autant d'instruments de vengeance, les armées de l'Égypte, de la Syrie et surtout de la Chaldée.

Au milieu de ces vicissitudes, nous sommes frappés du spectacle qu'offre la grande vertu des Prophètes, continuateurs de l'action des Patriarches, organes eux-mêmes de l'esprit de prophétie. Ces hommes austères, incorruptibles gardiens de la loi et ses interprètes, apparaissent en des heures solennelles pour avertir, reprendre et menacer, au nom du Seigneur, les puissants, quels qu'ils soient, David, Salmanasar, ou le peuple, plus terrible qu'eux encore dans ses aveugles colères. Au mépris de leur propre vie, ils flétrissent l'injustice, prennent la défense du faible, et font retentir, s'il est nécessaire, aux oreilles de l'iniquité ou de la force triomphante, le tonnerre des vengeances divines. Voilà les véritables sauveurs et conservateurs de la société antique, qui préludent à la mission du Précurseur Saint-Jean-Baptiste, préparant les voies de Celui qui est lui-même la *Voie*, la *Vie* et le *Salut* du monde.

Ses Apôtres et ses Disciples sont constitués les continuateurs de cette mission, élevée à un degré plus excellent, puisqu'elle est la communication de la sienne propre, et qu'elle n'est plus bornée aux petites principautés de Juda, de Samarie et de Galilée, car elle embrasse toute la terre, dont ils sont la *lumière* et le *sel*. Leur action commence celle que l'Église de Jésus-Christ ne cessera point d'exercer en tous lieux, jusqu'à la consommation des temps. L'âme nouvelle, qui s'empare du corps de la société humaine, mettra des siècles à la façonner, à l'assouplir, à la dominer. Elle y trouvera aussi la loi rebelle des membres et la résistance perverse du Prince du siècle, jamais complétement dompté, ni enchaîné, mais, au contraire, toujours agressif et luttant, et paraissant même quelquefois reprendre le dessus par les discordes, les tempêtes et les persécutions qu'il suscite. L'Église est, en effet, *militante;* c'est dans le combat qu'elle entretient ses forces et en puise de nouvelles. Elle ne s'est jamais effrayée, mais plutôt réjouie de partager le calice d'amertumes du Maître, et de lui témoigner plus hautement ainsi une fidélité qui accroît la somme de ses mérites.

Ce riche butin est la part que lui apportent les Saints, Martyrs et Confesseurs, qui se succèdent sans interruption à travers les âges, tout-puissants par la force de la pénitence et de la prière, impassibles dans les tribulations, *quasi mourants, et néanmoins vivants..... paraissant tristes, et toujours dans la joie..... comme indigents, et pourtant enrichissant plusieurs..... n'ayant rien et possédant tout* (1).... Leurs exemples, plus encore que leurs paroles, sont

(1) II. Cor., vi, 9-10.

la censure et la condamnation des abus ou des vices qu'ils essaient de corriger. Le péché est le seul mal qu'ils redoutent et dont ils s'affligent, parce qu'en perdant la grâce par le péché, on perd Dieu, et, en perdant Dieu, l'on perd tout. Aussi est-ce contre le péché qu'ils se montrent intraitables, le poursuivant partout, lui déclarant une guerre sans trêve ni merci, l'attaquant corps à corps, pour ainsi dire, et, lorsqu'ils ne peuvent l'étouffer dans les étreintes de leur charité, du moins s'ingénient-ils à en atténuer les tristes effets dans la société et à en cicatriser les blessures. Et c'est de la sorte qu'ils sont les vrais médecins du peuple, ses légitimes défenseurs et ses meilleurs amis, puisqu'eux seuls peuvent opérer la cure radicale du mal spirituel, principe de toutes ses misères. *Miseros autem facit populos peccatum.*

Le titre de Patrons qu'ils obtiennent de l'Église exprime à merveille l'efficacité de leur influence et de leur crédit après la mort. Il n'est pas de nation, de cité ou de bourgade chrétiennes qui ne s'abrite ainsi sous l'intervention tutélaire de quelque illustre Pontife, d'un pieux Ermite, d'un simple Religieux ou d'une humble Vierge, dont le souvenir des vertus héroïques et des miracles est un enseignement perpétuel et salutaire pour toute la contrée. Quand le Protestantisme, essayant de détruire la majestueuse unité de l'Église, n'aboutit qu'à en détacher les parties déjà gangrenées par l'esprit de doute et par la licence des mœurs, il ajouta toutefois à la longue liste de ses attentats contre la société religieuse, celui d'y détruire la foi à l'intercession des Saints, d'en renverser les splendides sanctuaires et de ravir ainsi au peuple le culte qui lui propose l'imitation des modèles les plus admirables de l'humanité. Cette mutilation sacrilége est à elle seule un obstacle insurmontable pour la soi-disant Réforme, nom qui sert d'étiquette mensongère aux innovations et à la révolte de Luther et de Calvin.

L'esprit d'aberration, qui avait entraîné ailleurs des populations entières, menaçait l'intérieur et l'extrémité méridionale de la France. La curiosité de Marguerite de Valois et le ressentiment de Jeanne d'Albret favorisaient dans le Béarn la doctrine des novateurs, qui, de leur côté, exploitaient à leur profit l'ambition des grands et l'ignorance des petits. Aux uns et aux autres, l'on promettait le partage des biens du Clergé, dépouilles qui avaient excité les convoitises et déterminé l'apostasie de la noblesse d'Allemagne et d'Angleterre. L'avenir de la patrie s'assombrissait ainsi de plus en plus dans la seconde moitié du seizième siècle. Aux dissensions des partis politiques, se mêlaient les ferments d'un antagonisme religieux, qui mettait en péril la conservation de l'Unité catholique. La science et la discipline diminuaient dans le Clergé séculier, et les Ordres monastiques perdaient de leur régularité. Alors toutes les âmes que consumait le zèle de la Maison de Dieu, lui adressaient de ferventes supplications pour qu'il prît sa cause en main et y formât une nouvelle génération de Ministres *selon son cœur.*

II

C'est à quelques pas d'ici, mes Frères, sous cet humble toit, vénéré et visité aujourd'hui par d'innombrables pèlerins, que naissait, à pareil jour, un petit enfant, suscité pour rétablir chez nous le sacerdoce dans sa gloire, et pour subvenir aux besoins de la patrie par sa compassion envers les pauvres, et par son ardente charité à en soulager les infirmités et les misères. Comme pour tout ce qui est grand, selon Dieu, le berceau, l'enfance et la première jeunesse de Vincent-de-Paul restent dans l'ombre et le silence, et il n'y apparaît rien de la puissance de l'homme, *de peur qu'il ne s'en glorifie* (1). « Votre Verbe tout-puissant lui-même, ô Seigneur, n'est-il pas descendu des demeures célestes en terre, au milieu du cours de la nuit, lorsque se taisait toute la nature (2) ? » Ainsi d'ordinaire les bienfaiteurs du genre humain le surprennent par leur venue ; souvent ils y passent ignorés, et leur vertu est surtout appréciée par la postérité qui en bénéficie.

A leur tête se placent incontestablement les *hommes de miséricorde* (3), ou les Saints, dont le mérite échappe aux jugements d'un monde frivole, passionné, quelquefois persécuteur et toujours un contradicteur,

(1) I Cor. i, 29.

(2) Dùm medium silentium tenerent omnia et nox in suo cursu medium iter haberet, omnipotens sermo tuus, Domine, de cœlis ac regalibus sedibus venit. (Sap., xviii, 14-15.)

(3) Eccl., xliv, 10.

indigne de les posséder (1). Comme le Sauveur, dont ils partagent les humiliations et le délaissement, ils dépensent, par amour de la vérité et du bien, tout ce qu'ils ont, ressources, temps et santé, puis finissent par se sacrifier eux-mêmes (2).

Telle est la disposition exigée de quiconque se dévoue aux intérêts du peuple, et, de nos jours, elle est plus indispensable que jamais. En effet, depuis qu'il a été déclaré Souverain, et qu'il a sa cour de flatteurs, ployant à tout propos le genou pour l'encenser, et allant jusqu'à transformer ses défauts en vertus, il n'est pas si facile de l'aborder, de l'entretenir et surtout de lui dire la vérité. La portion la plus active et la plus remuante des villes et des ateliers échappe généralement à l'enseignement religieux, qui peut seul néanmoins l'éclairer sur ses devoirs de chrétien et sur ses destinées immortelles. Cette même classe, condamnée à un travail sans fin, même les jours que Dieu s'est réservés, a oublié les premières notions du catéchisme, si tant est qu'elle les ait apprises. Ne mettant plus le pied à l'église, elle devient insaisissable au ministère du prêtre, que, d'ailleurs, une propagande satanique lui représente comme un imposteur ou un ennemi. Et voilà toute une génération qui grandit et végète, ne connaissant de Dieu que son nom blasphémé, ne respectant plus les lois de la famille, élargissant par ses excès le gouffre de sa propre misère, et qui, après avoir vécu sans les encou-

---

(1) Quibus dignus non erat mundus. (Hebr., xi, 38.)
(2) II Cor. xii, 15.

ragements de la foi, mourra sans les consolations de l'espérance.

Est-ce à dire que l'énumération de ces difficultés, que nous ne voudrions point exagérer, doit, comme un épouvantail, détourner de leur louable dessein ceux qui ont à cœur le salut spirituel et social du peuple ? Est-ce que le ministère sacerdotal n'impose pas l'obligation spéciale d'y travailler ? Les Pontifes de Rome et les autres saints Évêques de l'Église primitive accomplirent ce devoir, souvent au prix de la vie, à l'égard des populations païennes. Quand les barbares du Nord envahirent le midi et l'occident de l'Europe, ne furent-ils pas convertis et civilisés, malgré les résistances d'une nature plus rude et plus indomptable ? Dans chaque siècle, les ouvriers évangéliques se sont dévoués à ce labeur redoutable, avec la même abnégation et le même succès.

Comment, à son époque, Saint-Vincent-de-Paul, encouragé par tant de beaux exemples, aurait-il reculé, lui, plein de la *charité de Jésus-Christ qui nous presse,* et dont le cœur, naturellement si tendre, était profondément ému par le spectacle de tous les maux qu'accumulaient sur la France les discordes religieuses et civiles, les guerres du dehors et le chancre hideux du paupérisme naissant ? Comme il ne se propose que la gloire de Dieu et le bien de notre Sainte-Mère l'Église, il n'hésite pas à remplir sa mission, reçue d'En-Haut, à savoir *d'ordonner la charité* (1), préparé d'ailleurs à ne recevoir, pour prix de ses ser-

______

(1) Cant., ii, 4.

vices infatigables, que l'ingratitude, rétribution ordinaire du monde. Son zèle, guidé toujours par la prudence, résout le problème du paupérisme, insoluble en dehors de la charité catholique, par l'organisation nouvelle des Confréries des Dames de la Charité, distribuant leurs aumônes de façon à supprimer la mendicité et à procurer à la condition des pauvres une amélioration durable.

Il soigne les langueurs corporelles, pour arriver à celles de l'âme, qui excitent surtout sa pitié, bien assuré que le remède divin de la grâce adoucira les autres maux et pourra même les conjurer ou les guérir. C'est dans ce but qu'il fonde l'Institut des Missionnaires, qu'il évangélise les galériens, qu'il met de l'ordre dans les prisons, qu'il fait recueillir les enfants-trouvés, et qu'il prépare à la multitude des mendiants de la Capitale des asiles où la Religion les retire à la fois de la dégradation du vice et des privations extrêmes de l'indigence. La même sollicitude étend au Clergé les bienfaits d'une formation complète dans la science et dans la discipline ecclésiastiques, parce qu'il touche du doigt la vérification de cette sentence portée par l'Esprit-Saint : *Tel prêtre, tel peuple ;* ce qui veut dire que l'état moral d'une société dépend de celui de son Clergé (1). Par conséquent, préparer à l'Église des Ministres pieux, exemplaires et zélés, est le plus court et le plus sûr chemin pour arriver à la régénération sociale. C'est pour cela que des Séminaires sont ouverts dans presque tous nos diocèses,

____

(1) Isaïe, xxiv, 2 ; — Osé, iv, 9.

admirable institution, qui, se perpétuant jusqu'à nos jours, assure à la France un clergé modèle, et, par surcroît, une élite de prêtres qui, non-seulement y ravivent la foi, mais qu'une ardeur apostolique porte encore à la répandre dans les pays lointains et infidèles.

III

Pourrait-on esquisser ce tableau, sans y joindre une des figures qui l'achève et le relève ? Je veux parler, mes Frères, de cette conception neuve, ou de cette invention de la sainteté, jugée alors quelque peu téméraire, laquelle, rehaussant le mérite de la Dame de Charité, l'éleva jusqu'à l'état où, liée à Dieu par de simples vœux annuels, elle s'applique plus complétement au service des pauvres. En effet, elle leur consacre toutes les tendresses les plus délicates de son cœur, et elle s'honore de devenir leur *servante*, sous les livrées connues et populaires de la robe grise et de la blanche cornette, appelant et constituant ces mêmes pauvres *ses Maîtres* et *ses Seigneurs*. Il ne me sied pas de louer la Fille de la Charité ; son éloge, sur mes lèvres, pourrait paraître trop naturel et intéressé. D'ailleurs, ne suffit-il pas de voir, au milieu des lis et de toutes les merveilles qui ornent le jardin embaumé de l'Église, ce plant nouveau germer, croître et produire des fruits qui le font assez connaître? *A fructibus eorum cognoscetis eos* (1).

Religion, qui te pares du titre d'*orthodoxe*, et toi, culte de l'*église* dite *établie,* vous avez essayé, au prix des plus dispendieux sacrifices, la contrefaçon de cette œuvre, pourtant la plus simple du Catholicisme, et vous avez échoué, et vous échouerez encore dans toutes vos tentatives, parce que là, ni l'or ni la force politique ne peuvent rien, et que le germe sorti de tout ce que la charité a de plus pur ne peut éclore que dans le sol de l'Église *unique* et *vraie* de Jésus-Christ. Par cette formation, Saint-Vincent a rendu à la même Église l'éminent service de produire l'une de ses forces latentes, la plus vive, la mieux appropriée à nos temps, celle de la femme prenant possession de la vie publique, au nom de la Religion, enseignant l'enfance, dirigeant la jeunesse dans les patronages, visitant et assistant tous les malades, mettant l'ordre dans les ateliers, ramenant l'espoir et la joie dans les ménages, marchant à la suite des armées, et trouvant son poste jusque sur le champ de bataille.

Mais il est temps de conclure. Notre pensée serait mal comprise, mes Frères, si l'on s'imaginait que le salut et les félicitations adressées au troisième Centenaire de la Naissance de Saint-Vincent provenaient d'un sentiment personnel et exclusif ou d'un mouvement de vaine gloire, toujours condamnable, quoique mêlé aux élans très-légitimes de la reconnaissance

(1) Matt., vii, 16.

filiale. Non ; tout en admirant notre Bienheureux Père et en rendant hommage à ses vertus, nous ne prétendons pas le placer au-dessus de tant d'autres héros de la sainteté, qui sont la couronne impérissable de l'Église, ni détourner ainsi vers nous les magnifiques éloges qu'ils méritent. Combien, parmi eux, ont davantage étonné leur siècle, par la grandeur et la multiplicité des miracles ! Que de Patriarches ou Chefs d'Ordres, tels que Saint-Benoît, Saint-François d'Assise, Saint-Dominique, Saint-Ignace, ont donné naissance à des générations plus illustres ! Leurs disciples ont eu la gloire de conserver les lettres et les sciences au moyen-âge, de porter le flambeau de la Foi dans les parties plus récemment découvertes du globe, ou multipliant depuis les fondations sans nombre d'Universités et de Colléges parmi toutes les nations et sous tous les climats, ont formé la jeunesse à l'amour du vrai et du beau, et jeté eux-mêmes un si vif éclat par toutes les productions du talent et du génie, qu'ils se sont acquis le privilége d'attirer sur leurs têtes l'implacable persécution de tous les ennemis du Catholicisme ! Les Enfants de Saint-Vincent-de-Paul ne sont que les humbles et faibles coopérateurs de tant d'ouvriers vigilants et infatigables de l'Église. Les derniers venus, ils se cachent et se perdent dans l'arrière-garde de cette grande armée, démesurément grossie du contingent d'autres généreux auxiliaires, en tête desquels il nous faut placer les honorables membres des Conférences, dont nous comptons à cette Fête les pieux représentants.

Tous, n'est-il pas vrai ? nous voulons, avec Saint-

Vincent, combattre et exterminer, non pas les pécheurs, mais le *péché*, mal premier de nos âmes, cause de celui qui pèse sur le peuple et le rend *misérable*. Telle est la sainte ligue à laquelle la charité nous convie en ce moment. Nous sommes assurés d'y apporter le même cœur et la même âme, pour la défense de l'Église *une* et du Chef infaillible, Pie IX, qui la gouverne glorieusement. Le monde tend de plus en plus à se partager en deux camps opposés : les Catholiques et leurs adversaires. Rien de commun ne peut unir la lumière et les ténèbres. Les premiers croient, espèrent et aiment ce que les autres nient, redoutent et détestent. Il ne s'agit plus entre eux, comme aux temps des hérésies et des schismes, d'un simple doute, d'une attaque partielle ou d'une négation dogmatique. L'erreur a été poussée à ses dernières conséquences ; c'est la vérité, la vertu, Dieu même qui sont mis en question. Le Catholicisme se trouve en face de l'Athéisme et aux prises avec son absurdité désolante. Le salut de la société, comme celui des âmes qui la composent, est uniquement dans la parfaite obéissance et la fidélité à Celui dont la parole, éternellement vraie, nous dit : *Je suis la résurrection et la vie ; celui qui croit en moi, fût-il mort, revivra* (1). C'est cette Foi, forte et inébranlable, qui, nous maintenant sur le roc vif de l'Église, nous associe nécessairement aux biens et aux récompenses de ses immortelles destinées. Quoi ! l'on voudrait nous imposer un État sans Dieu, des lois sans

____

(1) Joan., xi, 25.

Dieu, des écoles sans Dieu ! Et l'Esprit-Saint nous dit par le Roi-Prophète : « Heureuse (1) la nation qui a le Seigneur pour Dieu ! Heureux le peuple qu'il a choisi pour son héritage ! » Si les plus abondantes bénédictions étaient promises, dans l'ancienne loi, à la seule crainte respectueuse de Dieu, comme d'être toujours sous la protection de son regard puissant, d'avoir sa vertu pour appui, son ombre contre les ardeurs brûlantes, son assistance dans les périls, sa lumière (2) pour direction ; quelles ne seront pas les grâces et les faveurs prodiguées à la foi aimante et agissante ?

Telle a été la Foi de Saint-Vincent, qui a laissé empreintes sur toute la France les traces de sa charité. Que dis-je, la France ? Pour être exact et véridique, il faudrait ajouter la Pologne, l'Irlande, l'Italie, autres nations confondues dans les sentiments sympathiques de notre amour, comme elles le sont aussi dans un attachement inviolable à la même Foi. L'Algérie doit être encore citée, et si cette terre est devenue française et catholique, n'est-ce point en dédommagement des sueurs et du sang que les Missionnaires de Saint-Vincent y répandirent pendant plus d'un siècle et demi ?

La charité, que *respirent encore les cendres de Saint-Vincent* (3), comme le proclame l'Église dans la Fête de la Translation de ses Reliques, qui sera célébrée dimanche prochain, la charité, dis-je, tel est

(1) Psal. xxxii, 12.
(2) Eccles., xxxiv, 19-20.
(3) Oraison de la Sainte-Messe.

le remède souverain des sociétés catholiques, applicable à tous leurs maux, calmant les haines les plus irréconciliables, dissipant les préjugés de l'ignorance envieuse, rapprochant les riches des pauvres qu'ils assistent, étouffant sous ses bienfaits les convoitises et les rancunes les plus désordonnées, réparant toutes les ruines et triomphant enfin de toutes les oppositions, parce qu'*elle est forte comme la mort,* à qui rien ne résiste. *Fortis est ut mors dilectio* (1). Adonnons-nous donc à la pratique de la Charité, mes Frères ; que les associations fondées et cimentées par elle se propagent partout, sous le regard et les bénédictions de NN. SS. les Évêques ; que leur zèle s'enquière des besoins de tous ceux qui souffrent ; que leur intelligente générosité ne se lasse point de les secourir ; que l'aliment supersubstantiel de l'âme, la vérité, soit distribué avec celui qui sustente le corps ; et cette compassion vraie et complète réussira, sinon à détruire absolument, du moins à diminuer le règne du péché, cause première de tous les autres maux du peuple. Ayons confiance. Le Seigneur nous dit : *A cause de la misère des indigents et du gémissement des pauvres, je vais montrer ma puissance* (2).

Si Notre-Seigneur a dit au petit troupeau de son Église naissante : *Nolite timere* (3) *pusillus grex,* ayez confiance ; comment les trente-quatre millions de Catholiques de la France auraient-ils peur, eux qui ont aussi, outre l'éternelle promesse de sa pro-

(1) Cant. viii, 6.
(2) Psal. xi, 5.
(3) Luc, xii, 32.

tection, mille et mille témoignages de son efficacité ? Comment trembleraient-ils devant l'infime minorité des méchants ? La France, comme Fille aînée de l'Église, a sa mission providentielle, qu'elle remplira nécessairement. Le Pape Alexandre III (1) a dit d'elle : « La grandeur de ce royaume béni de Dieu est inséparable de l'exaltation de l'Église. » Par conséquent, mes Frères, soyons de plus en plus unis à la Chaire de Saint-Pierre, et si, dans nos jours d'épreuve, nous partageons ses délaissements et ses humiliations, nous aurons aussi part à son triomphe final. Telle est la grâce que nous demanderons encore à Notre-Seigneur par l'intercession de Saint-Vincent, qui fut toujours le serviteur très-dévoué de l'Église *unique*, et cette fidélité, que va nous assurer la Bénédiction de Son Éminence, Mgr le Cardinal, sera le pronostic et le gage de notre règne futur dans l'Église triomphante. Ainsi soit-il !

(1) Epist., xxx.

E. BORÉ,

I. P. D. C. M. C. D. L. M., sup. gén.

Paris. — Typographie Georges Chamerot, rue des Saints-Pères, 19.